Geschichten

aus der Reihe
„Perlen unserer Erinnerung"

Winterperlen

Carmen Sabernak (Hrsg.)

Bibliografische Information der Deutschen Nationalbibliothek:
Die Deutsche Nationalbibliothek verzeichnet diese Publikation in der Deutschen Nationalbibliografie; detaillierte bibliografische Daten sind im Internet über dnb.d.nb.de abrufbar.

Impressum
2018 © Carmen Sabernak, alle Rechte vorbehalten

Herstellung und Verlag:
BoD - Books on Demand, Norderstedt

Satz und Layout:
Nicole Mewes

Bildnachweise:
© by-studio © sonne fleckl - Fotolia.com
© Magrit Prauß - Privatarchiv

ISBN: 9783748101093

Inhalt

Vorwort

Carmen Sabernak hatte die Idee, die Erinnerungen unterschiedlicher Menschen zu sammeln.

Erinnerungen, die wertvoll wie Perlen sind. Sie fragte in der Teltower AWO-Gruppe nach und es fanden sich schnell MitstreiterInnen.

Einmal im Monat trafen sie sich, tauschten Erinnerungen aus, lasen aus ihren Geschichten und verbrachten schöne gemeinsame Stunden. So wurde recht schnell der Entschluss gefasst, diese „Perlen unserer Erinnerungen" in kleinen Büchern aufzubewahren.

Die Geschichten sind so unterschiedlich, wie die Menschen, die sie erlebt haben. Einzelne Geschichten wurden zum Teil schon vor einigen Jahren verfasst. Deshalb finden sich teilweise auch noch Texte in der alten Rechtschreibung. Diese wurden absichtlich nicht angepasst, denn es sind Perlen aus der betreffenden Zeit.

Wir wünschen Ihnen ebenso viel Vergnügen beim Lesen, wie wir Freude hatten, das Buch zu gestalten.

Herzliche Grüße
das AutorInnenteam

Hilfe - die Invasion ist da!

Sie fragen, welche Invasion?

Sind etwa die Aliens gelandet? Na ja – damit kommen wir der Sache schon näher. Es ist ja wirklich erschrekkend, was die moderne Zeit so mit sich bringt. Mit Wehmut denke ich an meine Kindheit zurück. Mit so um die 70 kann man jetzt ganz schön ins Grübeln kommen. Was hatten es unsere Eltern doch gut.

Schon die Erwähnung des Weihnachtsmannes brachte uns Kinder dazu, ganz artig zu sein und zum schüchternen Versuch, begangene Unarten wieder gut zu machen. Nun ja – es muss jetzt wohl unwahrscheinlich viele ungezogene Kinder und bestimmt auch Erwachsene geben, denn so viele Weihnachtsmänner hat es bestimmt vorher noch nie gegeben.

Sie sind überall. Auf den Straßen vor den Kaufhäusern sprechen sie Kinder und Eltern an, um sie zum Besuch der Einkaufsmeile zu überreden. Im Kaufhaus wird es dann meist noch schlimmer.
Erstarrt stehen sie überall herum. Bei den Auslagen nicken sie uns freundlich zu und winken mit

der Rute, um uns zum Kaufen zu animieren. Wenn man dann bedrückt die Einkaufsstätte verlässt, ist man noch lange nicht von der Weihnachtsmännerinvasion erlöst. Zumindest nicht, wenn man in einer etwas aufgelockerten Wohngegend zu Hause ist.

Überall Weihnachtsmänner. In den Gärten kommen sie mit dem Rentierschlitten daher. Ohne Schnee bestimmt für die Rentiere eine Strafe, denn Schlittenfahren ohne Schnee macht sich bekannter Weise sehr schlecht.

Den Weihnachtsmännern macht das aber gar nichts aus. Sie klettern an Regenrinnen, sogar an der glatten Hauswand hoch, erklimmen Balkone und das schon lange vor dem Weihnachtsfest. Ich frage mich, was wollen die eigentlich schon Wochen vor dem Weihnachtfest? Haben unsere Weltraumunternehmen sie vielleicht aus ihren himmlischen Gefilden vertrieben und sie sind obdachlos geworden?

Mir, und ich weiß es auch von vielen älteren Leuten, war jedenfalls unser oft beschriebener, aber in der Hautsache unsichtbarer, Weihnachtsmann lieber. Die Zeit der Heimlichkeiten, wo jeder versuchte seine Lieben mit einem persönlichen Geschenk eine Freude zu machen, wird mir immer im Gedächtnis bleiben.

Wie unpersönlich sind jetzt Glanz und Glimmer. Schnell noch ins nächste Geschäft, das Sonderangebot an Schokoladenweihnachtsmännern genutzt und ab damit nach Hause, um noch schnell die kleinen Stiefel, die die KITA - Kinder in Erwartung des Nikolauses geputzt haben, damit zu füllen. Nikoläuse sind ja Gott sei Dank noch relativ selten und so im Alter von vier Jahren glaubt man noch daran.

Die Zerstörung von Illusionen in Kinderherzen ist die eine Seite. Doch es gibt noch eine weitere negative Seite. Einerseits wird um jede Einsparung an Elektrizität gekämpft, denn die Erzeugung der Energie kostet uns nicht nur Geld, sie zerstört auch langsam aber sicher unsere Umwelt. Das wird das ganze Jahr über allen deutlich gemacht, doch um die Weihnachtszeit ist anscheinend alles vergessen. Da kann es nicht genug leuchten, ganz egal, wie viel Elektroenergie verpulvert wird. Koste es, was es wolle.

Nun ja - alle alten Kulturen sind immer in Glanz und Gloria untergegangen. Hoffentlich kommen die nächsten Generationen zur Einsicht, dass nicht immer das, das Größte ist, was am hellsten leuchtet.

Vielleicht gibt es dann auch wieder ganz besinnliche
Weihnachten

Eva-Maria Kluck

Gedanken an Toni zur Weihnachtszeit.

Es ist Weihnachten. Der 24. Dezember, Heilig Abend. In diesem Jahr ist alles anders. Nur leider nicht besonders schön. Unser Wettergott Petrus lässt uns überlegen, ob es Weihnachten oder doch schon bald Ostern ist. Außer dem frühen Einbruch der Dunkelheit, der Illumination in den Vorgärten und den Weihnachtsliedern in Funk und Fernehen lässt gar nichts darauf schließen, dass der Weihnachtmann sich auf den Weg macht. Für mich war es immer etwas Besonderes. Heilig Abend waren wir Omas immer bei unseren Kindern und Enkelkindern.

Nun gut – inzwischen sind letztere aus dem Kleinkindalter heraus, aber der gemeinsame Abend war immer stimmungsvoll und schön. Doch in diesem Jahr sitzen wir Omas jede allein zu Hause, denn bei den Kindern hat die Erkältungswelle zugeschlagen und verbietet die Gemeinsamkeit. Zu anstrengend für die Kranken und zu ansteckend für Leute über achtzig.

So sitze ich nun und blättere im wahrsten Sinne in

der Vergangenheit. Betrachte alte Fotos, um sie zu entsorgen – aber lieber doch nicht von ihnen trennen, durchforste alte Zeitungsausschnitte die ich irgendwann einmal aufgehoben habe und hänge so meinen Gedanken nach.

So fiel mir dann der Nachruf auf Toni Stemmler in die Hände. Eigentlich war der wirklich recht mickrig. Die paar Zeilen für ein so ereignisreiches Leben wie Toni Stemmler es gehabt hat – traurig. Von den Nazis als Widerstandskämpferin ins KZ gesteckt, von der DDR erst hochgejubelt und im hohen Alter, da ihre Anschauung nach dem Prager Frühling nicht mehr so richtig passte, recht einsam.

Ich sehe sie noch heute vor mir. Eine große, knochige Figur, grauhaarig, mit riesigem Gebiss und tiefer sonorer Stimme. Die Augen wachsam aber manches Mal auch traurig. Wenn man einsam ist, gibt es da leider einen Freund, der heißt Alkohol.
Wenn man dann noch Andere mittrinken lässt, hat man wieder viele Freunde. So war bekannt, dass Toni gerne ein Gläschen oder auch mehr zu sich nahm. Nun war wieder einmal Weihnachten und Toni wurde von Bekannten gebeten, für die kleine Tochter, vier oder vielleicht auch schon fünf Jahre alt, den Weih-

nachtsmann zu spielen. Hilfreich wie immer sagte sie natürlich zu.

Der Heilig Abend kam. Es klopfte an der Tür und herein kam der Weihnachtsmann. Mit tiefer Stimme wurde die Kleine gefragt, ob sie artig war, ob sie ein Weihnachtslied und ein Gedicht konnte. Alles verlief prima, wie geplant. Doch dann druckste die Kleine herum, ob sie denn den Weihnachtsmann etwas fragen dürfte. Natürlich.

Dann kam die Frage:
„Weihnachtsmann bist du die Tante Toni?"
Kopfschütteln des Weihnachtsmannes. Die Kleine überlegte und fragte: „Weihnachtsmann – willst du ein Schnäpschen?" Weihnachtsmann: „Aber nein – Weihnachtsmänner trinken keinen Schnaps." Die Kleine erleichtert: „Das ist ja prima, dann bist du doch der richtige Weihnachtsmann, denn die Tante Toni hätte das Schnäpschen getrunken." Es ist den Eltern wohl schwer gefallen den weihnachtlichen Ernst zu bewahren.
Als Toni uns diese kleine Begebenheit erzählte, haben wir herzhaft darüber gelacht.

Wenn ich es mir so heute überlege, dieses kleine

Ereignis und noch viele andere kleine Erlebnisse mit Toni Stemmler haben mir gezeigt, dass sie nicht nur die hochgejubelte politische Person war, sondern eine liebenswerte alte Dame. Leider, wie viele im hohen Alter, trotz vieler Freunde und Bekannten, innerlich sehr einsam.

In Erinnerung geschrieben am 24. Dezember 2017

Eva-Maria Kluck

Es kann nur besser werden.

Was? Na das Neue Jahr.

So wie das Alte uns verlassen hat, kann das Neue ruhig weitergehen, oder noch besser werden. Nun aber alles schön der Reihe nach.

Mein Mann und ich waren in einem Sportverein, der Sektion Dienst- und Gebrauchshundewesen, organisiert. Es war für uns ein gutes Jahr gewesen. Wir hatten mit unseren Hunden sportliche Erfolge erzielt und es war uns gelungen, für die Hunde unseres Vereins die Lieferung von Futterfleisch vertraglich zu binden. Wir alle waren rundum zufrieden.

Es hatten sich auch Freundschaften gebildet und so beschlossen wir, mit einigen Sportfreunden gemeinsam Silvester zu feiern. Wir waren drei Ehepaare, alle so im Alter von Mitte dreißig. Wir freuten uns auf einen schönen Jahresausklang.

Eine Hürde gab es allerdings noch zu überwinden. Es war ja der Tag an dem das Futterfleisch abgeholt werden musste. Da unser Verein, Verzeihung - hieß zu dieser Zeit noch Grundorganisation, von den Betrieben unterstützt wurde, bekam mein Mann dazu von seinem Betrieb ein Kfz geliehen und machte sich nun mit einem Sportfreund auf den Weg nach Nauen, von wo wir das Fleisch bekamen. Keine kurze Strecke vom Bereich Teltow – Stahnsdorf – Kleinmachnow bis Nauen. Trotzdem waren wir davon überzeugt, dass wir uns so gegen 19 Uhr zu unserer Silvesterrunde treffen würden.

Wir hatten ja alles gut abgesprochen. Ort war unsere Wohnung und auch die Bereitstellung der Getränke war unsere Aufgabe. Kartoffelsalat und Würstchen sollte es zum Essen geben. Für die Würstchen war das zweite Ehepaar zuständig. Für den Kartoffel-salat das dritte Paar. Davon war der Mann allerdings mit meinem zur Abholung des Futterfleisches un-terwegs. Da die beiden auch die Abgabe des Futter-fleisches in Verantwortung hatten, war es ja ganz einfach. Fleisch ausladen, Würstchen mitnehmen, Auto zurückbringen. Vom Betrieb meines Mannes bis zu uns waren es etwa zehn Minuten Fußweg.

Also alles bestens organisiert. Es fing auch gut an. Unser Wohnzimmer lustig dekoriert, Getränke be-reitgestellt. Wir hatten uns, für damalige Zwecke, etwas Besonderes ausgedacht. Wir wollten eine Feu-erzangenbowle machen und zum Anstoßen auf das

Neue Jahr war natürlich Sekt angesagt. Die geplante Bowle war etwas Besonderes, denn es gab damals keine Zuckerhüte. Aber dazu später. Soviel zu den Vorbereitungen.

Es fing auch alles gut an. Das Paar mit den Würstchen kam. Dann aber leider nichts mehr. Kein Fleisch, kein Kartoffelsalat. Funkstille. Heute im Zeitalter der Handys hätte es ja wenigstens eine Informationsmöglichkeit gegeben. Aber damals, es ist ja immerhin so etwa 45 Jahre her, hatten wir alle Drei zwar, was schon beinahe besonders war, einen Festnetzanschluss und konnten wenigstens erfahren, dass das Fleischauto auch noch nicht angekommen war. Wo es aber war, wusste keiner von uns. Also blieb nichts anderes übrig, als warten. Es wurde 21 Uhr, 22 Uhr und immer noch kein Lebenszeichen. So gegen 23 Uhr kam dann die Erlösung. Das dritte Ehepaar mit dem Kartoffelsalat und auch mein Mann wurden von einem Kollegen meines Mannes gebracht. Gestresst, aber ansonsten gesund und munter.

Wir waren zwar alle neugierig, was wohl geschehen war, aber bei einem Glas Bowle würde das Erzählen bestimmt leichter. Also ran an die Bowle. Wie schon erwähnt, gab es zu dieser Zeit, wenigstens in unserer

Gegend, keine Zuckerhüte, wie man sie ja für die Feuerzangenbowle braucht. Wir hatten uns aber einen Ersatz ausgedacht. Auf einer Gitterreibe wurde Würfelzucker gestapelt. War ja auch schon vorbereitet. Doch als unser Sportfreund unsere Konstruktion zum Tisch bringen wollte, stolperte er über den Rand unseres Teppichs und unser Zimmer sah aus wie nach einem Hagelschauer und unser Sportfreund mitten drin. Na ja - uns konnte eigentlich nichts mehr erschüttern und nach einer kurzen Lachpause wurde der Zucker wieder aufgeschichtet. Es hat dann auch wie geplant funktioniert und wir konnten unsere Feuerzangenbowle genießen. Wir schafften auch noch den Kartoffelsalat mit den Würstchen, als alles wieder gut war.

Was war aber mit unseren Fleischholern passiert? Sie waren gut bis nach Nauen gekommen. Sie mussten die Stadt durchfahren. Mitten auf einer Kreuzung der Hauptstraße gab es im Auto einen Knall und es ging nichts mehr. Weder vorwärts noch rückwärts und das im Feierabendverkehr. Hupkonzert war angesagt bis die Polizei kam und verlangte, dass sie das Auto an den Straßenrand bringen müssten. Mein Mann, Kfz-Schlosser von Beruf, musste den Polizisten leider sagen, das dies unmöglich war. Es war allem Anschein nach ein Achsschenkel gebrochen und das Fahrzeug deshalb nicht mehr zu bewegen. Auch nicht zu schieben. Die Polizisten riefen nun den Betrieb meines Mannes (ein Kfz-Instandsetzungsbetrieb mit Abschleppeinrichtung in Kleinmachnow) an, damit das Auto abgeschleppt werden konnte. Wäre an jedem anderen Tag bestimmt auch gut und schnell gegangen. Es war aber Silvester. Der diensthabende Abschlepptrupp war unterwegs, um auf der Autobahn einen Bus zu bergen, und die Hintergrundbereitschaft war entsprechend des Tages alkoholisiert. Ein Glücksumstand kam dann aber zur Hilfe. Ein Kollege kam motorisiert von einem Verwandtenbesuch gerade nach Hause als bei ihm angefragt wurde. Ihn traf dann das Schicksal und er musste zum Betrieb, einen Abschleppwagen übernehmen und dann nach Nauen die Unglücksraben bergen. Es war eigentlich ein mittleres Wunder, dass das Ganze noch vor Mitternacht erledigt war.

Unsere Silvesterfeier war dann noch ganz gemütlich. Wir hatten zwar alle nicht so die gute Laune, aber wir waren froh, dass alles noch zu einem guten Ende gekommen ist, denn an anderer Stelle hätte die Havarie auch schlimmer ausgehen können. So werteten wir unsere Feier als Generalprobe für das Neue Jahr. Es wird ja immer gesagt, wenn es bei der Generalprobe Schwierigkeiten gibt, läuft die Aufführung dann super. Kann also nur alles besser werden. Darum ein Prosit auf das Neue Jahr.

Eva-Maria Kluck

Das Weihnachtsfoto

Wir schreiben das Jahr 1957. Unsere Familie besteht aus Mutter, Vater, 4 Kindern und Oma, die bei uns lebt und wohnt. Mein jüngster Bruder war damals noch nicht geboren. Wir, die Kinder sind 10, 8, 6 und 4 Jahre alt. Es ist kurz vor dem heiligen Abend.

Unser Vater war Bahnhofsvorsteher in O. i. Sachsen und ein leidenschaftlicher Hobbyfotograf. Er besaß eine Spiegelreflexkamera, die in den Dresdner Fotowerken „Pentacon" hergestellt wurden.
Zu dieser Zeit ein Weltspitzenprodukt. Weil die damaligen Filme eine zu geringe Empfindlichkeit aufwiesen waren Aufnahmen bei geringer Helligkeit in den Räumen sehr problematisch. Es gab noch keine Blitzlichtfotografie. Man machte vorwiegend Dias.

Vater wollte Zimmerfarbdias von uns machen. „Für später" und als Erinnerung an unsere schöne Kindheit auf dem Bahnhof. Diese hatten wir ja auch, ohne jeden Zweifel. Aber nicht an diesem Tag. Da war Stress (das Wort kannte man damals, glaube ich, noch gar nicht) angesagt. Für alle, außer meiner Mutter, die so kurz vor Weihnachten 1000 andere Dinge zu tun hatte, als Bilder mit 4 quirligen Kindern zu produzieren.

Also, Vater schleppte 2 riesige Scheinwerfer mit jeweils mindestens 500 Watt oder mehr vom Bahnhof hoch in unsere Dienstwohnung. Omas Aufgabe war es, uns 4 Kinder ruhig zu stellen, und unser Vater hatte den Anspruch, von uns auf dem Sofa sitzenden Kindern, perfekte Bilder zu machen. Deshalb mussten die Kinder artig um die Oma herum gruppiert werden.

Als Hilfsmittel diente ein großes Märchenbuch mit vielen Bildern, die wir anschauen sollten, wenn wir nicht gerade in die grellen, heißen Lampen sehen sollten. Alle immer alles gleichzeitig, versteht sich. Am schlimmsten war die Hitze! Man sieht es an den roten Wangen von uns Kindern und unserer Oma.
Also wir saßen ruhig, blickten gleichzeitig freundlich, das große Buch auf dem Schoß und in Harmonie um unsere Oma vereint. Die roten Wänglein, wie gesagt, machten das Bild noch schöner.

So entstand eines unserer Lieblingsbilder aus unserer Kindheit. Es konnte Weihnachten werden. Und noch heute kennt jeder von uns dieses Bild und seine

Entstehung.

Später wurde es bearbeitet, eingescannt, digitalisiert und auf CD gebrannt. Wir Kinder haben alle diese CD mit vielen Bildern unserer Kindheit. All die Erinnerungen an unseren Vater, an die Oma, das Wohnzimmer, die großen, heißen Lampen, die Nervosität ...und das Ergebnis waren es wert.

Margrit Prauß, Dezember 2017

Jahreswende

Weiten von Schnee
aus himmlischer Höh',
er kommt immer wieder –
läßt still sich hernieder
auf Bäume, Wiesen, Felder und Tannen;
er hält die ganze Erde rings umfangen
und blickt uns in die Augen –
hell und klar,
so werden viele, neue Märchen wahr!

Jeanette Lamprecht, Dezember 2017

Weihnachtsfeiern

Nach dem 2. Weltkrieg lebte ich mit meiner Familie in einer Laube unweit des Güterfelder Waldfriedhofs, der zur Siedlung Kienwerder gehört. In einem der beiden Torhäuser wohne eine Frau Richter mit ihrer Tochter. Sie war eine Verfolgte des Naziregimes und richtete für die Flüchtlingskinder der Umgebung von 1951 bis 1954 Weihnachtsfeiern aus.

Ich war damals ungefähr 10 Jahre alt. Jedes Kind mußte ein Gedicht aufsagen. Dann bekamen wir einen „Bunten Teller" mit Keksen, Bonbons und einem kleinen Geschenk. Das war etwas Besonderes in der Notzeit.

Zu einer dieser Weihnachtsfeiern bekam ich von Frau Richter einen Zettel mit einem Gedicht, das ich aufsagen sollte.
Ich habe es bis heute nicht vergessen und es aus meiner Erinnerung aufgeschrieben.

Heil'ge Nacht, auf Engelsschwingen
nahst du leise dich der Welt,
und die Glocken hör' ich klingen,
und die Fenster sind erhellt.

Mit der Fülle süßer Lieder,
mit dem Glanz um Tal und Höh'n,
Heil'ge Nacht, so kehrst du wieder,
wie die Welt dich einst gesehn.

Heil'ge Nacht, mit tausend Kerzen
steigst du feierlich herauf,
o, so geh' in unsern Herzen,
Stern des Lebens, geh' uns auf!

Schau, im Himmel und auf Erden
glänzt der Liebe Rosenschein:
Friede soll's noch einmal werden
und die Liebe König sein!

Gela, 07.12.2017

Christnacht

Heil'ge Nacht, auf Engelsschwingen
nahst du leise dich der Welt,
und die Glocken hör' ich klingen,
und die Fenster sind erhellt.
Selbst die Hütte trieft von Segen,
und der Kindlein froher Dank
jauchzt dem Himmelskind entgegen,
und ihr Stammeln wird Gesang.

Mit der Fülle süßer Lieder,
mit dem Glanz um Tal und Höh'n,
Heil'ge Nacht, so kehrst du wieder,
wie die Welt dich einst gesehn,
da die Palmen lauter rauschten,
und, versenkt in Dämmerung,
Erd' und Himmel Worte tauschten,
Worte der Verkündigung.

Da, mit Purpur übergossen,
aufgetan von Gottes Hand,
alle Himmel sich erschlossen,
glänzend über Meer und Land;
da, den Frieden zu verkünden,

sich der Engel niederschwang,
auf den Höhen, in den Gründen
die Verheißung wiederklang.

Da, der Jungfrau Sohn zu dienen,
Fürsten aus dem Morgenland
in der Hirten Kreis erschienen,
Gold und Myrrhen in der Hand!
Da mit seligem Entzücken
sich die Mutter niederbog,
sinnend aus des Kindes Blicken
nie gefühlte Freude zog.

**Heil'ge Nacht, mit tausend Kerzen
steigst du feierlich herauf,
o, so geh' in unsern Herzen,
Stern des Lebens, geh' uns auf!
Schau, im Himmel und auf Erden
glänzt der Liebe Rosenschein:
Friede soll's noch einmal werden
und die Liebe König sein!**

Robert Eduard Prutz (1816-1872)

Wäschetag(e) im Winter

Die Beschreibung des Ereignisses „Große Wäsche" in den Jahren von ca. 1955 – 1960.

„Große Wäsche", das hieß hauptsächlich Bettwäsche, Tischwäsche, Geschirrtücher, Handtücher, Unterwäsche, lange Unterhosen und auch kleine Teile.

Da wir eine große Familie von 7-8 Personen waren, kann man sich die Wäscheberge, die es galt zu waschen, ungefähr vorstellen! Wir – Eltern, vier Kinder, Oma und Onkel T., der damals als Witwer auch seine große Wäsche zu uns brachte. Zuerst möchte ich die Örtlichkeiten für diesen, sich alle 5–6 Wochen wiederholenden Termin, beschreiben.

Wir wohnten auf dem Bahnhof und das Waschhaus war ein extra, kleineres Gebäude, in dem es mehrere Schuppen gab, das eigentliche Waschhaus (oder Raum) und einen großen Dachboden. Den erreichte man über eine steile Holztreppe. Über die wurde die Wäsche in großen Körben zum Trocknen hinauf bugsiert, wenn sie dann fertig gewaschen war.
Der Boden, geheimnisvoll und groß, zum Teil dunkel,

hatte aber Dachfenster, die zum Trocknen der Wäsche geöffnet werden konnten. Für uns Kinder hatten die vielen Nischen und Verschläge auf dem Boden viel Interessanteres als all die „Wäscherei".

Zurück zur Beschreibung der Örtlichkeiten. Erst mussten wir ein paar Schritte über den Bahnhofsvorplatz gehen, bevor wir in den Hof kamen, auf dem das Nebengebäude, wie zuvor beschrieben, stand. Der Hof hatte ringsum, auch als Sichtschutz gegenüber den Reisenden, einen hohen Bretterzaun. Hinter diesen verbarg sich die Wiese mit den Wäschestangen für den Sommer, diverse Kaninchenställe, ein Taubenschlag und wie gesagt unser „Wasch – Schuppen – Bodenhaus".

Im Waschhaus war der große Kessel auf einem Betonsockel einzementiert, der mit Holz und Kohle beheizt wurde und auf den der „Quirl" aufgesetzt wurde. Außerdem befanden sich mehrere Holzböcke, die als Gestell für Wannen dienten, im Waschhaus. Auch an lange Zinkwannen erinnere ich mich. An den Wasserhahn wurde ein Schlauch angeschlossen, damit alle Gefäße befüllt werden konnten.

Weitere Hilfsmittel waren die berühmten Holzbretter - Waschbretter, Bürsten und eine Art Mangel, die aus Rollen bestehend und sich gegeneinander drehend, durch Handbetrieb betätigt wurde. Diese Mangel kam zum Einsatz bevor die Wäsche in das erste Spülwasser kam und ich glaube auch zum Schluss, bevor sie auf gehangen wurde. Später gab es dann so etwas wie eine Schleuder, aber in den 50 er Jahren sicher noch nicht.

Nun zum Prozedere des eigentlichen Waschvorgangs. Nach dem Einweichen und Vorwaschen kam die Wäsche in den Kessel. Alles war kochecht. Synthetik und Kunstfasern gab es an diesen Wäschestücken nicht. Wenn das Wasser im Kessel heiß, fast 100 °C hatte, kam der „Quirl", ein Holzgestell zum Einsatz. Man musste nun im Uhrzeigersinn und dann entgegengesetzt, immer abwechselnd, diesen großen Holzquirl drehen. Und das sehr lange! Ein Wecker zeigte unerbittlich die Zeit an, die noch zu drehen war. Wir Kinder mussten mithelfen, beim „Waschtag" und es wurden 15 min. Zeitspannen eingeteilt. Dabei haben wir geschummelt und gezankt, weil niemand diese langweilige Arbeit gerne machte. Aber jeder war dran und es musste einfach sein.

Es gab Pantinen, die über die Schuhe gezogen wur-

den und die Hausfrau, die ja „Chef" der ganzen Sache war, hatte eine große Gummischürze um. Manchmal trug sie eine Art Kopftuch zum Schutz der Haare.
Drinnen im Waschhaus war es feucht und heiß und oft konnte man gar nichts sehen vor lauter Dampf. Draußen auf dem Hof hingegen war es eiskalt, Schnee lag – wir hatten Winter.

Das alles war „Große Wäsche" zu haben.

Dann, wenn wir sie über die Treppe hinauf getragen und aufgehangen hatten, war es noch lange nicht zu Ende. Die Trocknung dauerte ein paar Tage.
In Körben wurde die steif gefrorene Wäsche wieder hinunter, über den Hof, über den Bahnhofsvorplatz, hinauf in unsere Wohnung getragen. Das Wohnzimmer verwandelte sich in ein Wäschelager und die großen Teile mussten „gezogen" werden. Zwei Personen waren nötig, um die inzwischen wieder aufgetaute Wäsche in Form zu bringen. Alles kam ordentlich gelegt in Körbe und ich erinnere mich an den frischen, guten Duft dieser Wäsche – ganz ohne Weichspüler.

Was hatten wir eigentlich für Waschpulver? Ich weiß nicht mehr wie es hieß. Nur an Kernseife zum Vorwaschen und Wäschestärke erinnere ich mich.

Natürlich mussten das Waschhaus, der Kessel und all die Gegenstände gereinigt und ordentlich übergeben werden. Wir waren ja nicht die Einzigen, die das Waschhaus und den Boden nutzten.

Die Zeit für die „Rolle" war bestellt. Aber das ist eine andere Geschichte!

„Na dann, bis in sechs Wochen". Der nächste Termin für „Große Wäsche" steht schon im Kalender.

Margrit Prauß, Januar 2018

Wir gehen „auf die Wäsche-Rolle"!

Wer weiß heute noch, was es bedeutete, damals nach dem Krieg, auf die Rolle zu gehen; und wozu?

Die Nachkriegskinder, wie ich, wissen es sicher. In Sachsen, jedenfalls, waren die Rollen sehr verbreitet.

Es geht um die Wäsche. Die sollte, glatt und ordentlich gelegt, nach dem Waschen, in den Schränken verstaut werden. Zu dem Zweck ging man auf die Rolle. Später übernahmen dann die elektrischen Heißmangeln, die zu Hause aufgestellt wurden, diese Arbeit.

Zurück zur Rolle: Meistens waren die monströsen Holzvorrichtungen in extra, kleinen Häuschen aufgebaut. Eine Heizung gab es natürlich nicht, sodass im Winter oft Minusgrade auf der Rolle gemessen wurden. Der Tee aus der Thermoskanne half da nur begrenzt. Um den Arbeitsablauf zu optimieren, waren zwei Personen nötig. Je nach Menge der zu rollenden Wäsche wurde eine Nutzungsdauer von 1 oder 2 Stunden vereinbart. Die Rollen wurden von Privatpersonen betrieben und gegen Gebühr vermietet. Es entstanden ja Stromkosten.

An der Wand war ein großer, roter Einschaltknopf, und wenn der betätigt wurde, ging mit großem Lärm das „Rollen" los.

Vorher aber musste Einiges vorbereitet werden. Man stand vor einem mehrere Meter langen Holztisch, auf den die Rolltücher = Leinentücher ausgelegt wurden. Auf diese Tücher kamen die Wäschestücke möglichst platzsparend und in gleicher Höhe/Dicke. Das Holzgitter, das den langen Tisch und die davor arbeitenden Personen trennten, wurde nach unten gezogen, sozusagen als Schutz.

Nun konnte der Einschaltknopf an der Wand betätigt werden. Die runden, dicken Holzrollen (wie riesige Nudelrollen), drehten die ausgelegte Wäsche auf den Leinentüchern zusammen als Rolle. Eine Person bereitete immer die Rollen auf den Tüchern vor, und die andere nahm die fertige Wäsche vom Roll-Tuch weg, zurück in den Korb. Die Zeitdauer des Rollvorgangs war, glaube ich, immer gleich. Man konnte natürlich Wäschestücke bei Bedarf auch mehrmals auflegen. Das kam aber selten vor, weil der Druck der Holzrollen für glatte Ergebnisse sorgte.

Nach getaner Arbeit ging es mit dem Handwagen und Körben, voll glatt gerollter Wäsche, nach Hause. Im Winter waren wir halb erfroren, im Sommer manchmal angenehm temperiert.

Margrit Prauß, Januar 2018

Meine einzige schöne Puppe

Als ich 12 Jahre alt war, bekam ich eine große, schöne Puppe geschenkt. Das war eine Puppe mit Schlafaugen, Haaren und Stimme. Davor hatte ich nur Flickenpuppen. Aber meine Freude über sie war nur von kurzer Dauer.

Zu dieser Zeit lebte mein 2-jähriger Neffe Günter bei uns. An einem Regentag, als ich in der Schule war, nahm er die sonst behütete Puppe und ging mit ihr in unserem Garten „spazieren". Da die Puppe für ihn zu groß war schleifte er sie sie auf der nassen Erde hinter sich her. Die Puppe war danach schmutzig und entzwei.

Ich weinte bitterlich, schimpfte mit meinem Neffen und gab ihm ein paar Klapse auf den Po. Er petzte das, als seine Mutter ihn besuchte und ich bekam von meiner Schwester eine Tracht Prügel. Danach hieß es: „Du bist schon viel zu alt für eine Puppe" und „Warum hast Du sich nicht besser verwahrt!" Das war mein Ende als „Puppenmutter".

Nun las ich alle Bücher, die mir in die Hände fielen und ich wurde eine „Leseratte". Was bis heute andauert.

Gela, Mai 2018

Meine ersten Bücher

Zu Weihnachten 1953 bekam ich mein erstes Buch geschenkt. Es war von Theodor Storm und enthielt mehrere Geschichten. Eine davon hieß „Pole Poppenspäler", die von einer Puppenspielerfamilie handelte. Eine andere Geschichte war „Der Schimmelreiter".

Ich war sehr stolz auf dieses Buch, das nur mir gehörte und ich besaß es viele Jahre. Dann verschenkte ich es nach ungefähr 20 Jahren an meine beiden Nichten zu Weihnachten, als ich kein passendes Geschenk für sie hatte.
Was mit dem Buch weiter geschah, weiß ich nicht.

Ein weiteres Buch, das ich kurz danach von einer Bekannten meiner Mutter bekam, hieß „Rübezahl". Es enthielt viele Geschichten über den schlesischen Sagenhelden aus dem Riesengebirge, der viel Gutes tat, aber auch Streiche mit den Menschen trieb. Dieses Buch verborgte ich an eine Schulfreundin und bekam es nicht wieder. Die Familie ging heimlich in den Westen. Über den Verbleib des Buches weiß ich nichts.

Ich bekam noch ein Buch von Frau H. Es war eine alte Ausgabe von Fontanes „Wanderungen durch die Mark Brandenburg". Durch dieses Buch lernte ich die Geschichte der Mark näher kennen. Es enthält auch viele Bilder von Gebäuden vor ihrer Zerstörung durch den 2. Weltkrieg. Dieses Buch besitze ich noch heute und lese immer wieder darin

Gela, Mai 2018

Die Botschaft für mich aus der Weihnachtszeit

Die Botschaft für mich aus der Weihnachtszeit
ist der Gedanke des Friedens der Christenheit –
Frieden der Welt und Frieden im Haus –
so sieht für mich Christentum aus.

Die Botschaft für mich aus der Weihnachtszeit
ist der Gedanke der Liebe in der Christenheit.
Liebe zum Menschen, ob nah oder fern.
Dafür leuchtet für mich der Christen Stern.

Die Botschaft für mich aus der Weihnachtszeit
ist der Gedanke der Christen an die Gerechtigkeit.
Gerechtigkeit auch für Arm und Klein.
So soll für mich das Christentum sein!

Gela

Das grüne Röckchen!

Wir schreiben das Jahr 1974 und ich bin eine junge Mutti. Unsere Familie, 4 köpfig, lebt in der DDR und der Wohlstand ist bescheiden. Bei allem Mangel aber sind wir doch glücklich, gesund und jung.

Damals wurde es mehr und mehr „zur Mode" zu stricken. Alle taten es, fast alle. Wolle gab es offensichtlich. Natürlich längst nicht in der Qualität und Auswahl, wie wir es heute kennen, aber immerhin... .

Ich wollte auch eine „gute Mutti" sein, die etwas für ihre Süßen selbst herstellt. Also entschied ich mich für mein „Erstlingswerk". Es sollte ein Latzröckchen für Leni werden. Da Leni erst 3 Jahre alt war, blieben die Maße des zu erstellenden Kleidungsstückes überschaubar.
Ich würde das schon hinkriegen. Einzelne Teile stricken und dann zusammennähen. Werke, die mit Rundstricknadeln angefertigt wurden, waren etwas für Könner. Nichts für so eine blutige Anfängerin wie mich. Aber der Ehrgeiz war geboren.
Es würde ein grünes Latzröckchen für Leni werden. Jawohl, grün mit goldenen Schnällchen, um die

Träger am Latz zu befestigen. So könne Leni das Röckchen sogar noch etwas länger tragen, weil man die Schnällchen in untere Löchlein am Träger festmachen würde, wenn es dann zu kurz werden sollte.

Die grüne Wolle war schnell besorgt, da ich die Verkäuferin im Handarbeitsladen etwas näher kannte. Einfache Stricknadeln gab es gleich dazu. Nun konnte es losgehen, ich war begeistert von der Idee so etwas Entzückendes selbst herzustellen. Und Leni würde doch soo süß aussehen! Ich sah sie im Geiste vor mir. Ein weißes Blüschen, der grüne Rock mit goldenen Schnallen und dieses kleine Mädchen mit ihren dunklen Locken … zum Fressen!

Abends, wenn die Kinder im Bett waren, machte ich mich ans Stricken. Rechts und links und links und rechts, nichts fallen lassen, aufpassen und die Finger nicht so steif halten. Es muss doch fließend und leicht gehen, das Stricken. Nun ja, die Teile wuchsen unter meinen Händen. Ich gab nicht auf und alles sah recht gut und brauchbar aus.
Dann ging es ans Zusammennähen der Einzelteile.

Ich tat alles sehr sorgfältig. Zum Schluss wurden die goldenen Schnällchen angenäht und das Werk war vollendet. Damit die Nähte nicht auffielen, habe ich alles von links gedämpft. Es war perfekt und ich so stolz.

Am nächsten Morgen sollte Leni das supertolle grüne Röckchen anziehen. Erst war sie davon gar nicht begeistert. Mama und Papa sagten immer wieder: „Schau Leni, wie schick, hat Mami gemacht". Sie zuppelte an sich herum. Wir hoben sie zum Spiegel hoch, damit sie sich in ihrer ganzen Schönheit betrachten konnte.

Letztendlich hat sie sich dann mit dem Röckchen angefreundet. Sie zog es an, sah zuckersüß aus, und ich konnte sagen, „hab ich selbst gestrickt". Es gibt heute noch ein Bild von Leni im grünen Röckchen.

Margrit Prauß, Januar 2018

Glück

Ein wunderschönes Gedicht von meiner Enkelin
Jessica (10 Jahre)

Glück kann man nicht kaufen,
auch nicht tauschen,
man kann es nicht sehen,
es wird einfach geschehen,
Glück ist kein Zufall,
und es ist nicht überall,
und der, der gesagt hat,
man könne es schmieden,
hat da etwas falsch entschieden,
denn Glück kann man nicht machen,
oder vielleicht auch verursachen,
man kann lediglich warten,
auf die richtigen Karten,
auf das gebrauchte Geld,
das vielleicht vom Himmel fällt,
oder: man vertraut seinem Geschick,
und hat so den perfekten Augenblick.

Margit Prauß

Unsere Krippe

Erinnerungen an Weihnachten in Kindertagen möchte ich hier aufschreiben.

Wie der Christbaum mit den echten Kerzen und dem Lametta aus dem Westen, wie der selbstgebackene Stollen, dem Schnee in der Heiligen Nacht, so gehörte die Krippe ganz selbstverständlich zu all den Dingen, die diese Zeit so eindrucksvoll machte.

Wir waren eine christliche Familie und hatten unsere besondere Krippe. Keine gekaufte, die gab es damals in den 1950er Jahren sowieso nicht. Nein, es war eine, bis auf die Figuren, selbst gebastelte, gestaltete und aufgebaute Darstellung der biblischen Geschichte.

Bereits zu Beginn der Adventszeit ging der Krippenaufbau los. Die Hauptakteure dabei waren unser Vater und unser Lieblingsonkel Toni. Wir Kinder, damals waren wir 4, durften und sollten aber auch mitwirken.
Der lange Flur unserer Dienstwohnung auf dem Bahnhof von ungefähr 2,5 x 8,0 Meter, eignete sich

gut dafür. Vor der Wand an der Frontseite des Flures, rechts und links bündig, wurde die Platte, die die Grundlage für die Krippe bildete, montiert. Die zu gestaltende Fläche betrug also 2,00 m Breite und ca. 1,50 m Tiefe. Ein anderer Onkel, namens Hans, der gut malen konnte, hat auf einer, ich glaube es war eine Tapetenrolle, die Stadt Bethlehem gemalt. Es sah so aus als läge Bethlehem mit seinen typischen Bauten und Kuppeln etwas in der Ferne.

Das Hauptgeschehen spielte sich jedoch vordergründig im Stall ab. Die bemalte „Landschaft", wie wir sie immer nannten, wurde an den 3 Seiten links und rechts und hinten befestigt. Nun begannen die schönen Arbeiten. Zuerst wurde der Stall aus Holz und Rinde platziert. Die Landschaft um den Stall herum, das Feld der Hirten dahinter und die Wege. All das wurde aus Naturmaterialien gemacht. Felsen aus Baumrinde, freie Flächen aus Moos, die Wege durch gefärbte Sägespäne markiert. Alles wurde frisch aus der Natur geholt. Beim Färben der Sägespäne aus der nahen Tischlerei gab`s auch manche „Schweinerei". Ich erinnere mich auch noch, dass wir immer einen Brunnen aus Rinde gebaut haben und der fließende Wasserstrahl wurde aus Silberpapier gedreht. Immer stand auch ein Blümchen oder Töpfchen „in echt" neben dem Stall. Ob wir damals eine kleine Stallbe-leuchtung in Form einer Glühbirne, also Strom hat-ten, weiß ich gar nicht mehr. Aber eine Kerze brannte oft und niemand sprach von Brandschutzregeln.

Der Krippenbau war viel Arbeit, aber für uns war dies alles selbstverständlich. Die Abende waren lang. Wir hatten nur ein Radio und die Musik, die wir selber machten. Onkel Toni hatte immer eine Gitarre dabei und er war ein begnadeter „Erzähler".

Die Feinheiten bei der Gestaltung der Krippe wurden perfektioniert und jeder wollte es noch ein bisschen schöner machen. Zum Schluss wurden die Figuren, sicher aus Gips, gesetzt. Nur das Jesuskind kam ja erst am 24. Dezember dazu. Der Ochs und Esel, Ma-ria und Josef im Stall, auf dem Feld die Hirten mit dem Engel, der ihnen die Botschaft brachte und der Stern über dem Stall. Alles war nun perfekt und es konnte Weihnachten werden. Später, am 6. Januar kamen die drei Weisen aus dem Morgenland samt Kamel und den Geschenken für das Kind noch dazu.

So blieb alles bis zum 2. Februar, dem Ende der Weihnachtszeit, mit „Maria Lichtmess", stehen. Ob sich das alles wirklich so oder ähnlich vor über 2000 Jahren zugetragen hat?

Wer weiß es? Vielleicht waren manche Dinge anders. Aber das war und ist auch nicht so wichtig. Vieles basiert auf Überlieferung. Für uns war es normal, dass viele, auch z. T. fremde Leute kamen, um unsere Krippe anzuschauen.

So war das damals als Kind auf dem Bahnhof. Es wurde Weihnachten, bescheiden und doch so schön.

Margit Prauß

Die Weihnachtsbäckerei

Auch im letzten Jahr hatte ich mir im November wieder so viel vorgenommen. Gleich zu Beginn der Adventszeit wollte ich mit dem Backen beginnen. Meinen Weihnachtskuchen, Stollen, Weihnachtsplätzchen, Zimtsterne und andere kleine Naschereien.

Motiviert kaufte ich alle Zutaten und suchte die Rezepte heraus. Samstags wollte ich beginnen, damit zum 1. Advent die ersten Plätzchen auf dem Teller liegen können. Und am Samstag um zehn Uhr war ich soweit.

Aber eigentlich müsste ich ja auch die Wohnung noch weihnachtlich dekorieren. Damit sollte ich also beginnen. Backen ging ja auch später noch. Also schnell noch mal durchgesaugt und das Fenster geputzt, damit die Weihnachtsgardine auch an einem sauberen Fenster hängt. Der Schrank mit der Weihnachtsdeko war gut gefüllt. Na gut, erst einmal alles ausräumen, sichten und entscheiden, welche Stücke in diesem Jahr die Wohnung verschönern sollen. Die Dekoration ging zügig voran und voller Freude trank ich eine große Tasse Kaffee und schaute mich zufrieden um. Alles sah gemütlich und vorweihnachtlich aus. Die Lichterkette am Fenster war schon eingeschaltet, im Radio lief Weihnachtsmusik.

Aber irgendetwas fehlte. Genau. Wir hatten noch gar keinen Adventskranz oder ein Adventsgesteck. Ohje, das gehört doch dazu. Es duftet doch immer so gut nach Tannengrün.

Also Kaffee austrinken und wenn schon keinen Kranz, dann doch wenigstens ein Gesteck zaubern. Gesagt, getan, bei fröhlichen Weihnachtsliedern entstand ein hübsches Gesteck, mit echter Tanne und echten Kerzen.
Ein Blick aus dem Fenster und ein weiterer ungläubig zur Uhr – es war inzwischen schon 16.00 Uhr geworden.

Ich müsste eigentlich endlich anfangen zu backen, aber mit Keksen und Plätzchen wollte ich nun auch nicht mehr beginnen. Die sind dann morgen dran, oder in der Woche. Meinen speziellen Weihnachtskuchen aber, den schob ich eine Stunde später in den Herd und der Duft zog schnell durch die ganze Wohnung. Glücklich, dass alles so gut gelaufen war, räumte ich die nicht benötigte Deko wieder in den

Schrank, als es plötzlich klingelte. Die Nachbarin bat mich um zwei Eier, die ich ihr schnell zur Tür brachte und wir schwatzten noch ein kleines Weilchen. Plötzlich fragte Sie: „Haben Sie etwas im Backofen?" „Aber ja, meinen Weihnachtskuchen, er duftet herrlich, oder? – Oder? – Oh nein, er riecht verbrannt. – Tschüß Frau Nachbarin, tut mir leid, aber ich muss jetzt schnell versuchen zu retten, was noch zu retten ist." Peng, Tür zu, in die Küche flitzen, Backofen auf, Kuchen raus, Finger verbrannt. – Phu, Gottseidank, nichts passiert. Es war nur etwas Kuchenteig über den Rand gekrochen und aufs Blech getropft, der lag nun wie ein kleines Kohlenstück daneben. Aber der Kuchen selbst war wunderbar.

Nun konnte der 1. Advent kommen und die Kekse, die kann meine Schwester sowieso viel besser backen. Und weil wir uns ja an den Sonntagen treffen, haben wir Kuchen von mir und Kekse von ihr. Wunderbar. Auch das ist für mich Vorfreude auf Weihnachten. Jeder steuert etwas bei und es bleibt mehr Zeit für Gemütlichkeit und Ruhe in der ganzen Weihnachtstrubelei.

Carmen Sabernak

Worte für den Tag/auf den Weg,

Pastor Christian Voller-Morgenstern, Potsdam |
Evangelisch-methodistische Kirche |

Montag, 3. September 2018
Es gibt eine Redewendung: Er ist vom Saulus zum Paulus geworden. Sie beschreibt einen Menschen, der sich völlig verändert hat. Er tut Dinge, die er früher nie getan hätte. Er redet, wie er früher nie geredet hätte. Er ist wie ausgewechselt. Ein anderer Mensch eben. In der ersten Zeit der Christenheit gab es einen Mann, der Saulus hieß. Auf ihn geht diese Redensart zurück. Saulus vollzog in seinem Leben eine Kehrtwendung: Seit es den christlichen Glauben gab, mochte Saulus diesen Glauben nicht.

Er hasste Christen. Er verfolgte sie. Und: Seine Position erlaubte es ihm, sie verhaften und töten zu lassen. Saulus handelte dabei aus tiefster religiöser Überzeugung. Das machte ihn noch gefährlicher. Eines Tages war er auf dem Weg in die Stadt Damaskus. Auch dort wollte er Christen verfolgen und möglichst viele von ihnen festnehmen. Doch auf dem

Weg dorthin geriet er in eine schwere Krise.

Seelisch und körperlich. Er hörte eine Stimme, fiel vom Pferd, wurde blind, so erzählt es die Bibel. Und Saulus begriff, dass Gott ihm etwas sagen wollte.

Zuerst war es mehr eine Frage, die er vernahm: Saulus, was machst du da eigentlich? Warum verfolgst du mich? Was soll der Hass, der dich treibt? Merkst du eigentlich, was du anderen antust? Und merkst du, was du dir selbst damit antust? Saulus hat diese Fragen nicht einfach beiseitegeschoben.

Das verdient Respekt. Dazu muss man stark sein. Die Krise hat ihn verändert, und er hat sich verändern lassen. Vorher trieb ihn eifernder Hass. Jetzt treibt ihn die Liebe. Er wurde zu einem der führenden Köpfe in der ersten Christenheit – wo sie ihn dann nicht mehr Saulus, sondern Paulus nannten.

So ist er vom Saulus zum Paulus geworden, indem er sich bekehrte. Ob ich das auch so gekonnt hätte? Vielleicht wäre ich ja zu stolz gewesen – oder zu stur. Paulus war am Ende heilfroh, dass er kein Saulus mehr war. Er begriff damals: Religiöser Eifer richtet nur Unheil an. Hass verletzt nicht nur andere, sondern verdirbt auch einen selbst.

Es geht auch anders. Und Gott ist auf der Seite derer, die sich ändern können.

Dienstag, 4. September 2018

Manchmal verdanken wir unser Leben einem Zufall: Wäre Mama damals nicht ausnahmsweise durch den Park gegangen, weil an diesem Tag ihr Fahrrad kaputt war, und hätte Papa das Haus pünktlich verlassen, wären sie einander wahrscheinlich nie begegnet. Sie hätten sich nicht kennengelernt und nicht ineinander verliebt. Und ihre Kinder, die sich darüber gerade Gedanken machen, stellen mit Schrecken fest: Dann würde es uns ja gar nicht geben.

Tja. Dann hätten Mama und Papa eben jemand anderes kennengelernt. Und sie hätten heute andere Kinder, die sich vielleicht gerade das gleiche überlegen würden.

Besteht das Leben nur aus einer Kette von Zufällen? Welche Rolle spielt das, was ich mir selbst vornehme? Habe ich Einfluss auf das eigene Glück? Wieviel in meinem Leben kann ich selber steuern? Worauf kommt es am Ende wirklich an? Ich glaube: Wir Menschen sind keine Marionetten, die nur ein Stück spielen, das längst geschrieben ist. Wir treffen eigene Entscheidungen. Wir tragen Verantwortung. Gutes wie Schlechtes verdanken wir auch uns selbst. Aber eben nicht nur. Gott hat jeden von uns gewollt. Wir sind unverwechselbar. Ehe ich mich selbst kannte, so heißt es in einem Psalm, war ich schon Gottes Idee. Und die vergisst er nicht.

Ich treffe gute und schlechte Entscheidungen. Ich stelle Weichen in meinem Leben. Gott ist immer dabei. Ich habe keine Ahnung, wie das beides zusammengeht. Aber Gott weiß es. Er kümmert sich um mich. Und vielleicht machen ihm meine größten Irrtümer dabei nicht viel mehr Mühe als meine tollsten Ideen.

Ich bin dankbar und froh, wenn vieles so gelingt, wie ich es mir wünsche. Aber Gott hat mich auch dann nicht vergessen, wenn ich mein Leben kaum noch verstehe. Auf verborgene Weise trägt mich seine Güte durchs Leben. Darauf vertraue ich.

In einem alten Kirchenlied heißt es: »Wer nur den lieben Gott lässt walten und hoffet auf ihn allezeit, den wird er wunderbar erhalten in aller Not und Traurigkeit. Wer Gott, dem Allerhöchsten, traut, der hat auf keinen Sand gebaut.« Unser Leben ist kein Zufall. Wir haben es in der Hand – und sind dabei von Gott gehalten.

Mittwoch, 5. September 2018
»Nicht das, was ein Mensch durch den Mund in sich aufnimmt, macht ihn un-

rein. Sondern das, was aus dem Mund herauskommt, macht ihn unrein.« (Mt. 15,11) Diese seltsamen Worte hat Jesus einmal gesagt – im Streit. Worum ging es dabei? Die Leute, die zu Jesus gehörten, hatten es mit den Regeln der Sauberkeit wohl nicht so genau genommen. Man warf ihnen vor, sie hätten ihre Hände nicht richtig gewaschen, bevor sie aßen. Eine Szene wie am Familientisch. Jesus sagte damals nicht, dass er das gut findet. Hygiene war ihm nicht einfach egal. Aber ihm gefielen die Maßstäbe nicht, mit denen die anderen maßen. Und so fragte er: Warum könnt Ihr Euch derart über Kleinigkeiten aufregen, während Ihr Euch um die echten Probleme nicht kümmert? Er drehte den Spieß um. Das, was aus dem Munde eines Menschen an Worten herauskommt, kann viel schlimmer sein als das, was er aufnimmt. Uns heute beschäftigen die Reinheitsvorschriften der alten Zeit kaum. Wir haben Kühlschränke, sauberes Wasser und unsere Regeln. Doch auch heute kann es passieren, dass ich aus Kleinigkeiten etwas ganz Großes mache – und mir das wirklich Große darüber aus dem Blick gerät. Immer mehr Menschen hier bei uns achten auf das, was sie essen. Das ist gut für die eigene Gesundheit – und auch für die Tiere und den Umweltschutz. Aber eine neue Religion muss aus der Sache mit dem Essen nicht werden. Denn unser Essen entscheidet nicht über Heil und Verderben. Da gibt es größere Themen. Es geht nicht nur um das, was ich zu mir nehme, sondern auch um das, was nach außen wirkt. Habe ich Frieden in meiner Seele, den meine Worte auch nach außen tragen? Was passiert, wenn ich rede? Verbinden meine Worte oder spalten sie? Verbreite ich Angst oder Zuversicht? »Nicht das, was ein Mensch durch den Mund in sich aufnimmt, macht ihn unrein, sondern das, was aus dem Mund herauskommt.«

Donnerstag, 6. September 2018
Wem kann ich vertrauen? Und bei wem bin ich lieber vorsichtig? Wenn ich weiß, dass es jemand gut mit mir meint, vertraue ich diesem Menschen. Gute Erfahrungen lassen das Vertrauen wachsen; Misstrauen kommt von schlechten Erfahrungen. Aber oft muss ich auch Menschen vertrauen, die ich gar nicht kenne. Ich fahre mit der Eisenbahn und vertraue, dass alles in Ordnung ist. Ich hole mein Auto aus der Werkstatt und vertraue, dass alle Schrauben festgezogen sind. Ich vertraue der Ärztin, dass mir ein bestimmtes Medikament hilft und nicht schadet. Jeden Tag vertraue ich anderen meine Sicherheit an. Ich kann das nicht alles kontrollieren.
Ich vertraue einfach darauf, dass andere es tun.

Meistens geht es gut. Manchmal auch nicht. Es gibt Statistiken darüber, welchen Berufsgruppen die Leute am meisten vertrauen und welchen weniger. Seit vielen Jahren führen Feuerwehrleute und Sanitäter die Liste an. Sie genießen mit einer Quote von 96 Prozent das höchste Vertrauen. Davon können andere Berufsgruppen nur träumen, meine – die der Pastoren – auch.

Aber Feuerwehrleute haben zu Recht den ersten Platz, wie ich finde: Nicht weil sie bessere Menschen sind, aber ein Feuerwehrmann ist im Grunde bereit, sein Leben für andere zu riskieren. Er tut das nicht leichtfertig. Und niemand kann es von ihm verlangen. Aber unter Umständen riskiert er alles. Er tut das für Leute, die er nicht kennt. Und oft sind sie an ihrer Notlage selbst schuld. Trotzdem: die Menschen von der Feuerwehr riskieren etwas, um anderen zu helfen. Zwischen dem Dienst an anderen und dem Vertrauen, das jemand genießt, besteht also ein enger Zusammenhang. Bleibt die Frage: Wem kann ich vertrauen? Ich vertraue Menschen, die nicht nur das eigene Wohl im Sinn haben, sondern sich für andere einsetzen. Auch für mich. Ich bin froh und dankbar, dass es sie gibt. Ohne Menschen, denen man vertrauen kann, wäre die Welt kein guter Ort.

Ich vertraue auch Gott. Denn ich weiß, dass er es gut

mit mir meint. Gute Erfahrungen ließen das Vertrauen wachsen. Ich kann die Unwägbarkeiten meines Lebens nicht vollständig kontrollieren. Ich bin froh und dankbar, dass ich es auch nicht muss. Denn: Es ist einer da, dem ich ganz vertraue.

Freitag, 7. September 2018

Ich soll mir keine Sorgen machen. Den gut gemeinten Rat hören wir oft. Das ist leicht gesagt. Allein schon die Liste der Aufgaben, die noch zu erledigen sind, macht mich nervös. Das schaffst du schon. Mag sein. Aber mich plagen noch andere Sorgen. Die Ungewissheit zum Beispiel: Werde ich morgen noch das können, was ich heute kann? Werde ich morgen noch das haben, was ich heute habe? Werden die Menschen, auf die ich angewiesen bin, mir treu bleiben? Bleibe ich gesund? Bleiben die Verhältnisse stabil? Wird das Geld reichen?

Wenn ich mir vorstelle, was alles schiefgehen kann. Jesus sagt zu diesem Thema: » Macht euch keine Sorgen um euer Leben – was ihr essen oder trinken sollt. Oder um euren Körper – was ihr anziehen sollt. Ist das Leben nicht mehr als Essen und Trinken? Und ist der Körper nicht mehr als Kleidung? Seht euch die Vögel an! Sie säen nicht, sie ernten nicht, sie sammeln keine Vorräte in Scheunen: Und euer himmlischer Vater ernährt sie doch.« (Mt.6,25f)

Diese Gelassenheit möchte ich haben. Vielleicht hätte ich sie sogar, wenn ich mich nur um mich selbst kümmern müsste. Aber ich bin auch für andere verantwortlich. Wenn ich mir vorstelle, was alles schiefgehen kann. Ja, was ist eigentlich, wenn ich mir das immer wieder vorstelle? Wenn ich mir immer wieder das Schlimmste vorstelle, das passieren kann, dann kostet mich das sehr viel Kraft. Es bindet meine Phantasie völlig an schlechte Gedanken.

Ich trage in meiner Vorstellung schon heute die Lasten, die ich morgen vielleicht tragen muss. Vielleicht aber auch nicht. Vielleicht wird es alles auch ganz anders. Besser. Sehr wahrscheinlich sogar.

Denn es kommt sehr oft ganz anders, als man denkt. Warum also sollte ich heute meine Kraft in Sorgen investieren, wenn morgen die Welt wieder ganz anders aussieht? Jesus will uns nicht ausreden, dass wir uns um das eigene Leben kümmern - auch um das, was morgen kommt. Aber er ist sehr geübt im Gottvertrauen. Das entlastet. Denn: Gott weiß, was morgen sein wird. Für heute soll das auch mir genügen. Im Gebet lasse ich meine Sorgen für morgen bei Gott. Ich brauche die Kraft nämlich für das, was heute dran ist.

Samstag, 8. September 2018

Anderen Leuten Ratschläge zu geben, kann heikel sein. Ich tu es trotzdem mit einem Ratschlag aus der Bibel. Die Worte aus dem 1. Petrusbrief klingen wie für uns gemacht. Ich bin so frei, sie für uns auszulegen:(1. Petrus 3, 8ff): Sucht nach dem, was euch miteinander verbindet! Kehrt nicht immer das heraus, was euch voneinander trennt! Seht zu, dass ihr es merkt, wenn andere leiden! Ignoriert nicht, wie es einem anderen geht! Tut nicht so, als würdet ihr es nicht merken! Gönnt einander das Gute! Gönnt dem anderen, dass er zufrieden ist, selbst wenn er vielleicht mehr Gutes abbekommen hat Du selbst!

Seid nicht missgünstig! Seid großzügig! Seid es nicht nur bei dem, was ihr anderen gebt! Seid auch großzügig in dem, was ihr denkt! Seid großzügig in dem Bild, das ihr von anderen malt! Seid großzügig, wenn ihr von anderen sprecht! Wenn es in eurer Macht steht, dann lasst Gnade vor Recht ergehen!

Ihr wisst ja, wie sehr man sich danach sehnen kann, gut davonzukommen, auch wenn nicht alles gut war. Darum lauert nicht immer den Fehlern der anderen auf! Messt einander nicht nur an dem, was ihr einander schuldig geblieben seid! Habt eine Antenne für die Sehnsucht anderer Menschen.

Und nehmt euch nicht so wichtig! Ihr seid geachtet; jede und jeder von euch ist ein wertvoller Mensch. Aber ihr seid nicht die einzigen. Andere sind auch wertvoll. Schließt es nicht völlig aus, dass auch andere etwas gut können.

Rechnet damit, dass niemand immer nur Recht hat – und auch niemand immer nur Unrecht! Und wenn es doch wieder einmal nicht geklappt hat miteinander, dann lasst eure Streitigkeiten nicht eskalieren! Das Leben geht weiter, auch ohne dass ihr euch rächt. Es gibt Worte, die mögen sogar stimmen, und doch fehlt niemandem etwas, wenn sie nicht gesagt werden. Manches ist in Sekunden ausgesprochen und braucht Jahre, um geheilt zu werden. Lasst es weg! Ihr müsst nicht auch noch Öl ins Feuer gießen. Löscht lieber – auch die Brände, die andere gelegt haben. Wenn ihr das tut, werdet ihr es bald von Herzen gern so tun. Und ihr werdet gesegnet sein.

Die Autoren:

GELA (Jahrgang 1943)
Hobbies: Theatergruppe, Wandern

Eva-Maria Kluck (Jahrgang 1935)
Geboren in Berlin, von 1936 bis 1997 in Kleinmachnow gelebt, danach in Stahnsdorf.

Berufe: Maßschneiderin und Wirtschaftskauffrau Sie war als Angestellte im Rat der Gemeinde Kleinmachnow, in der Landwirtschaftsbank in Potsdam und von 1975 bis 2000 im Gesundheitswesen (Geschäftsleitung, ab 1997 Leiterin des Seniorenbüros AVUS) in Teltow tätig.

Hobbys: Aus dem Leben schreiben: Anekdoten, bissige Leserbriefe, Glossen und Familiengeschichte, ehrenamtliche Tätigkeit in Selbsthilfegruppen.

Margrit Prauß (1947)
ist in Sachsen geboren und aufgewachsen.

Beruf: Krankenschwester, Ausbildung med. Fachschule Hubertusburg Wermsdorf.

Seit 1969 wohnt sie in Teltow, hat 2 Töchter und 4 zauberhafte Enkelkinder. Sie liebte immer schon „Deutsch" in der Schule, schrieb gerne Aufsätze, später Briefe. Gedanken, Erinnerungen und Erfahrungen aus ihrem Leben zu formulieren macht ihr viel Freude und sie gibt diese gern weiter.

Jeanette Lamprecht (Jahrgang 1946)
Sie ist in Leißling/Saale aufgewachsen und wurde an der „DBL-Deutsche-Buchhändler-Lehranstalt-Leipzig) zur Buchhändlerin ausgebildet. In diesem Beruf arbeitete sie bis Mitte 2006. Seit 1975 war sie Buchhandlungs-Leiterin u.a. in Weißenfels, Potsdam und Neuseddin.

Seit Mitte 2006 ist sie Rentnerin, hat aber noch immer freundliche Kontakte zu Buchhändlern und Verlegern, verfolgt das Zeitgeschehen und freut sich über gemeinsame Stunden mit der Familie.

Christian Voller-Morgenstern (Jahrgang 1965)
Er ist seit 2015 Pastor der Evangelisch-methodistischen Kirche in der Versöhnungskirche im Potsdamer Kirchsteigfeld.

Er ist 1965 in Eisenach geboren, dort aufgewachsen

und studierte von 1984 bis 1989 Evangelische Theologie am Theologischen Seminar der Evangelischmethodistischen Kirche in Bad Klosterlausnitz.

Er war Pastor in Potsdam, Genthin, Berlin-Reinickendorf und Berlin-Mitte und von 2005 bis 2015 Superintendent des Distriktes Berlin seiner Kirche. Er ist verheiratet und hat zwei erwachsene Töchter.
Seine große berufliche Leidenschaft sind das Predigen und die Gestaltung von Gottesdiensten, in denen sich Tiefgang und Zeitgemäßheit verbinden

Carmen Sabernak (Jahrgang 1958)
Schreibt am liebsten mit Blick auf das Meer oder auf ihrer Rosenbank im Familiengarten.

Bisher erschienen

Aus der Reihe „Perlen unserer Erinnerung" sind bereits erschienen:

„Hannas Weihnachtsengel"
erschienen 2013 im BoD Verlag

ISBN: 9783732280414
Preis: 5,00 Euro

„Begegnungen im Leben"
erschienen 2013 im BoD Verlag

ISBN: 9783732280889
Preis: 5,00 Euro

„Verlust und Wiederfinden"
erschienen 2015 im BoD Verlag

ISBN: 9783734745812
Preis: 5,00 Euro

„Elli"
erschienen 2015 im BoD Verlag

ISBN: 9783734769276
Preis: 5,00 Euro

„Mein Berlin - Mitten mang und Dichte bei"
erschienen 2015 im BoD Verlag

ISBN: 9783738613599
Preis: 5,00 Euro

„Am Wege blüht Vergissmeinnicht"
erschienen 2015 im BoD Verlag

ISBN: 9783738629262
Preis: 5,00 Euro

„Singen und Wandern - das ist unser Leben"
erschienen 2015 im BoD Verlag

ISBN: 9783738659931
Preis: 5,00 Euro

„Jahreswende - von Anfang bis Ende"
erschienen 2016 im BoD Verlag

ISBN: 9783741276798
Preis: 5,00 Euro

„Sehnsucht, Glück und Bäume"
erschienen 2017 im BoD Verlag

ISBN: 9783848257195
Preis: 5,00 Euro

„Täuscht der schöne Schein?"
erschienen 2018 im BoD Verlag

ISBN: 9783748111948
Preis: 5,00 Euro